COMMENTAIRE

DE LA

LOI DU 10 DÉCEMBRE 1874

SUR L'HYPOTHÈQUE MARITIME

PAR

M. A. AUGIER

AIDE-COMMISSAIRE

PARIS

BERGER-LEVRAULT ET CIE

Éditeurs de la Revue maritime et coloniale et de l'Annuaire de la Marine

5, RUE DES BEAUX-ARTS, 5

MÊME MAISON A NANCY

1878

COMMENTAIRE

DE LA LOI DU 10 DÉCEMBRE 1874

SUR L'HYPOTHÈQUE MARITIME

(Extrait de la *Revue maritime et coloniale.*)

COMMENTAIRE

DE LA

LOI DU 10 DÉCEMBRE 1874

SUR L'HYPOTHÈQUE MARITIME

PAR

M. A. AUGIER

AIDE-COMMISSAIRE

PARIS

BERGER-LEVRAULT ET Cie

Éditeurs de la Revue maritime et coloniale et de l'Annuaire de la Marine

5, RUE DES BEAUX-ARTS, 5

MÊME MAISON A NANCY

1878

COMMENTAIRE

DE LA LOI DU 10 DÉCEMBRE 1874

SUR L'HYPOTHÈQUE MARITIME

I. — Motifs qui ont fait rendre les navires susceptibles d'hypothèques.

La plupart des dispositions du livre II du Code de commerce ont été empruntées par le législateur de 1807 à l'ordonnance sur la marine de 1681. Or il est incontestable, ainsi que l'ont justement fait remarquer les auteurs du projet de loi ayant pour objet de rendre les navires susceptibles d'hypothèques, qu'un grand nombre de ces dispositions sont aujourd'hui incomplètes ou surannées. Depuis soixante ans, en effet, le commerce maritime a pris des développements considérables et la navigation à vapeur, qui a eu une si grande part dans l'accroissement des échanges, a profondément modifié les conditions des transports. Les conditions du crédit se sont également modifiées avec le temps et les développements de la prospérité publique. Aussi, depuis longtemps déjà, la révision de la législation relative au commerce maritime était-elle demandée avec instance par les représentants les plus autorisés des intérêts commerciaux. En présence de ces réclamations le conseil supérieur du commerce a exprimé le vœu que cette question de révision fût soumise à une commission spéciale, qui a, en effet, été formée par le Ministre du commerce de concert avec ses collègues de la justice et de la marine, et qui s'est réunie en 1865. Vers la fin de 1867, le Conseil d'État était saisi d'un projet destiné à remplacer le livre II du Code de commerce. Malheureusement l'accomplissement de ce travail considérable et utile a été interrompu par les douloureux événements de 1870.

Mais en 1872 plusieurs députés, détachant des travaux de la commission de 1865, le titre spécial à l'hypothèque maritime, proposèrent à l'Assemblée nationale un projet de loi ayant pour objet de rendre les navires susceptibles d'hypothèques.

Le projet, pris en considération par l'Assemblée nationale, sur le rapport de M. Alfred Dupont, donna lieu à un remarquable rapport de M. Grivart au nom de la commission.

Voici le motif invoqué à l'appui du projet par les auteurs et par le rapporteur :

L'organisation du crédit maritime est défectueuse et insuffisante en présence du changement produit dans la situation économique de la marine marchande française, qui, pour soutenir la lutte contre les puissances rivales, est condamnée à transformer son matériel. L'industrie maritime perfectionne son outillage, les navires deviennent plus grands, plus rapides surtout, mais ils coûtent infiniment plus cher et il n'est pas rare qu'une seule construction immobilise un capital qui eût autrefois suffi pour l'achat et l'armement de toute une flotte. L'industriel ordinaire peut hypothéquer son usine, son magasin, donner en gage ses marchandises, et des lois récentes, notamment la loi de 1858 sur les magasins généraux et la loi de 1863 sur le gage commercial, sont encore venues améliorer sa situation en lui procurant des facilités nouvelles de crédit. Le commerce maritime ne participe pas à ces avantages. La loi qui le régit, dit M. Grivart, est ainsi faite que de tous les moyens de crédit réel qu'elle a organisés, il n'y en a aucun qui puisse convenir aux navires. Comme ils sont meubles, ils ne peuvent être hypothéqués. Ils peuvent, il est vrai, être donnés en gage, mais les conditions auxquelles se trouvera subordonnée la validité du nantissement sont de telle nature que la ressource du gage est purement nominale. En effet, pour bénéficier du privilége, le créancier doit avoir la possession de l'objet échangé. Or, s'il faut, pour la garantie d'un emprunt, que le navire passe aux mains du prêteur, il est frappé d'indisponibilité et condamné à une inaction ruineuse. L'armateur n'emprunte que pour faire naviguer son bâtiment ; il ne peut donc pas en abandonner la possession et l'on peut se demander d'ailleurs quel est le capitaliste qui voudrait accepter comme gage un objet encombrant qu'il ne pourrait utiliser et qui dépérit promptement quand il reste dans l'inaction.

Pour suppléer à l'insuffisance de la loi et à l'impossibilité d'avoir recours au nantissement, le commerce maritime avait imaginé un expédient qui consistait à déguiser le contrat de gage sous les apparences d'une vente. L'armateur vendait son navire au prêteur qui reconnaissait par une contre-lettre que la vente apparente n'était qu'un nantissement et s'engageait à laisser au débiteur la libre disposition de son navire. Cette pratique, qui rappelle le contrat de fiducie du droit romain, n'était pas sans danger, mais elle était tellement nécessaire que les tribunaux étaient généralement portés à l'admettre comme licite. Le créancier, nanti sous l'apparence d'une cession transcrite en douane, disposait de la propriété du navire et, s'il n'était pas honnête, il pouvait abuser gravement des droits qui lui avaient été conférés. D'un autre côté, le créancier était exposé à des risques assez graves. En échangeant son titre contre la qualité apparente de propriétaire, il perdait le droit de saisie du navire et de concourir avec les autres créanciers dans la distribution du prix. Ce qui était plus grave encore, en certains cas, il encourait une responsabilité personnelle, car, d'après la jurisprudence, au nombre des obligations contractées par l'armateur et le capitaine du navire, il y en a qui atteignent personnellement les propriétaires inscrits sur l'acte de francisation, sans qu'il leur soit permis de s'en affranchir au moyen d'un abandon. Il est mauvais d'ailleurs d'obliger les intérêts légitimes à recourir à des déguisements pour se manifester. La loi doit donc s'efforcer de donner à chaque convention licite le moyen de se révéler d'une manière ostensible dans toute sa vérité, dans toute sa sincérité. En conséquence, il est tout naturel, concluent les auteurs du projet, que l'on ait désiré voir organiser un système régulier de crédit qui permît d'engager la propriété maritime comme toutes les autres propriétés et de voir suivre en France l'exemple qui nous a été donné par l'Angleterre, qui, en 1854, a fait une loi permettant d'affecter, par convention, les navires à la garantie spéciale d'une dette. Le *mort-gage* anglais est une véritable hypothèque maritime qui, soumise au régime de la publicité, présente tous les caractères de l'hypothèque foncière. Cette innovation du droit anglais a réussi et aujourd'hui les différents États européens, à l'exception de l'Autriche, de la Grèce et de l'Espagne, ont organisé, sinon une véritable hypothèque maritime, du moins un moyen de crédit applicable aux navires.

Étant admise l'idée de l'établissement du crédit maritime, quel système devait-on adopter? Devait-on établir un mode dé nantissement particulier aux navires ou bien était-il préférable d'aller droit au but en instituant l'hypothèque maritime? Telle est la question que se posa la commission de 1865 et qui fut reprise en 1872. La commission de 1865 s'est arrêtée au dernier parti. Il lui a semblé que le but qu'on se proposait ne pourrait pas être atteint, soit par une simplification du nantissement, soit par l'extension et le développement des priviléges.

Le nantissement, en effet, exige la prise de possession par le créancier. C'est là une condition qui est de l'essence du contrat de gage et on ne saurait en affranchir le nantissement des navires sans dénaturer le contrat ; et, ce qui est plus grave, sans faire courir au crédit public les plus sérieux dangers. Le privilége du créancier gagiste résulte, en effet, de la convention. Il naît par la seule volonté du débiteur ; dès lors, pour empêcher des fraudes trop faciles envers les tiers, il faut exiger qu'il soit rendu public. La prise de possession par le créancier est donc nécessaire, parce que seule elle avertit les tiers que le débiteur n'a plus la libre disposition de la chose dont il s'est dessaisi. Si on supprimait la nécessité de la prise de possession, le privilége du créancier gagiste serait occulte et le crédit recevrait une irréparable atteinte. On avait bien proposé de donner à la possession un caractère fictif ou symbolique qui permît à la saisine du créancier de s'accomplir sans cependant entraîner le dessaisissement du propriétaire, mais ce moyen serait tout aussi inefficace. Ce qui peut, en effet, avertir les tiers, ce n'est pas un vain formalisme accompli dans l'ombre et ne laissant aucune trace visible, c'est un fait matériel qui frappe tous les yeux. On a proposé aussi de substituer à la détention matérielle une inscription sur l'acte de francisation. Mais, comme l'a très-justement fait remarquer M. Grivart, ce ne serait plus un gage, et il demande quelle différence, sauf les détails d'organisation, il y aurait entre un tel droit de préférence et l'hypothèque maritime.

Dans le sein de la commission une autre pensée s'est produite : c'est de renoncer à établir un droit de garantie nouveau pour se borner à donner de l'extension aux priviléges. En dehors des cas actuels d'application, on proposa d'en créer d'autres assez nombreux et assez larges pour embrasser la plupart des obligations qu'un propriétaire de navire est amené à contracter pour les besoins de son industrie. Cette idée n'a pas prévalu par la raison que le privilége est un droit occulte, qui doit par conséquent être borné dans son étendue et dans sa durée. S'il devenait général, c'en serait fait de la sécurité des transactions en matière maritime. Puis l'appât d'un privilége ne serait pas de nature à provoquer la confiance et à attirer largement les capitaux, car le privilége ne peut être envisagé par un bailleur de fonds comme une garantie sûre. En effet, la priorité de temps ne constituant pas un droit de préférence, le prêteur premier en date aurait toujours à redouter le concours de prêteurs nouveaux.

Ce n'est donc ni au nantissement ni au privilége qu'il y a lieu de recourir pour jeter les fondements du crédit maritime; ce qu'il faut, c'est un droit de garantie résultant de la convention, soumis à la publicité et dont le rang soit fixé d'après la date : ce droit c'est l'hypothèque.

Il est vrai que le navire est un meuble et que dans notre législation les meubles ne sont pas susceptibles d'hypothèque. Cette obligation n'a pas arrêté les auteurs du projet ni le rapporteur de la commission. Le principe « les meubles n'ont pas de suite par hypothèque », dit M. Grivart, est excellent, parce que les meubles d'une nature en général périssable, n'offrant pas de signes certains d'identité, n'ayant pas d'assiette fixe, ne se prêtent pas à l'organisation d'un système de publicité. Mais que l'on conçoive une espèce particulière de meubles aussi facile à individualiser que les immeubles, à laquelle puisse s'adapter un système de publicité aussi complet que pour les immeubles, pourquoi serait-il interdit de la faire participer au bénéfice de l'hypothèque? Or, tel est le cas des navires ; la loi leur a donné un état civil et un domicile auquel ils restent unis dans le cours même de leurs voyages les plus lointains. Il est donc aisé de constituer la publicité hypothécaire pour les navires, et dès lors rien ne s'oppose à ce qu'ils puissent être hypothéqués.

D'ailleurs l'hypothèque des navires n'est pas une innovation, elle était admise autrefois dans le ressort de plusieurs parlements. Dès le xvi⁰ siècle, Cleirac, le premier commentateur des rôles d'Oléron, en faisait la remarque en ces termes : « Les navires sont véritablement « meubles, et comme tels sont incapables d'inféodation et de servitudes. « Au regard des hypothèques et de la suite d'icelles, un navire est « censé immeuble et fut ainsi jugé par arrêt d'audience, en la grand'- « chambre du parlement de Bordeaux, le 26 juin 1612. » Un autre auteur disait, en parlant du navire : « Cette espèce est comme moyenne « entre le meuble et l'immeuble. » C'est pourquoi dans l'ancienne jurisprudence on appelle souvent les bâtiments de mer des meubles-immeubles.

Il est vrai que l'édit de 1666 fit disparaître cette hypothèque des navires, que sa clandestinité rendait dangereuse. Mais dans l'ordonnance de 1681 on vit s'introduire quelque chose de tout spécial pour les navires et qui rappelait jusqu'à un certain point l'hypothèque abolie, c'est le droit de suite au profit des créanciers non-seulement privilégiés, mais chirographaires. Ce système a passé tout entier dans le Code de commerce. Le droit de suite existe aujourd'hui et il est exercé sans condition de publicité par tous les créanciers. Or, la proposition d'organiser le crédit maritime au moyen de l'hypothèque a simplement pour but de créer à côté du droit de suite un droit de préférence conventionnel en le subordonnant à des conditions rigoureuses de publicité.

Tels sont, en résumé, les motifs qui ont déterminé le législateur à voter la loi du 10 décembre 1874 que nous allons maintenant analyser.

II. — Explication de la loi du 10 décembre 1874.

Section I. — Source de l'hypothèque maritime.
(Art. 1er.)

L'hypothèque maritime ne peut avoir qu'une seule source : la convention. C'est ce qui résulte de l'article 1er de notre loi, ainsi conçu : « Les navires sont susceptibles d'hypothèque. Ils ne peuvent être hy- « pothéqués que par la convention des parties. » C'est là une dérogation remarquable au droit commun, qui admet trois sortes d'hypothèques : l'hypothèque légale, l'hypothèque judiciaire, l'hypothèque conventionnelle. Le motif de cette dérogation au droit commun est indiqué par M. Grivart dans son rapport sur le projet de loi : « Le principe de l'hypothèque maritime admis, notre commission a pensé unanimement avec les auteurs de la proposition de loi, que l'hypothèque nouvelle devait avoir pour source unique la convention. Rien, en effet, ne serait plus contraire au but que nous poursuivons que d'établir une hypothèque légale sur les navires. L'hypothèque légale, dispensée de

publicité, bien loin de servir au crédit, le compromet gravement ; elle
ne se justifie que comme une protection nécessaire accordée à certains
grands intérêts dignes de la sollicitude particulière de la loi. Ainsi envi-
sagée, il peut paraître juste et utile de la maintenir là où elle existe ;
mais assurément il ne convient pas de lui donner de l'extension, et ce
serait imposer aux navires un rôle auquel ils ne sont pas destinés que
de les faire servir de gage à la dot des femmes et aux deniers pupil-
laires. Quant à l'hypothèque judiciaire, elle a un grave inconvénient :
c'est que, dispensée de spécialité, elle affecte l'immeuble des biens présents et à venir du débiteur. Tout ce que ce dernier possède est con-
curremment grevé pour la garantie de la même dette. Il en résulte dans
le système hypothécaire de grandes complications que nous avons
intérêt à éviter. L'hypothèque judiciaire, sorte de prime accordée à la
diligence du créancier, n'est pas du reste un instrument de crédit. Personne ne prête en considération de l'hypothèque qu'il aura le droit de
prendre après l'échéance en vertu d'un jugement de condamnation,
puisque rien ne prouve qu'à ce moment il y ait dans la possession du
débiteur une chose susceptible d'être hypothéquée, ni que l'hypothèque
puisse s'inscrire en rang utile. En matière commerciale surtout, l'utilité
de l'hypothèque judiciaire est bien faible, car les créanciers impayés
auxquels elle cause préjudice ont presque toujours le moyen de la faire
tomber en provoquant la faillite et en la faisant remonter jusqu'à l'ori-
gine de la cessation des paiements, c'est-à-dire à une époque antérieure
au jugement en vertu duquel l'inscription a été prise. »

Ainsi la loi de 1874, qui admet l'hypothèque des navires malgré leur
nature mobilière, est exclusivement consacrée à la matière commerciale. N'ayant d'autre but que de favoriser et de développer le crédit
maritime, elle ne pouvait pas admettre les hypothèques légales et l'hypothèque judiciaire qui entravent le crédit.

SECTION II. — CARACTÈRES DE L'HYPOTHÈQUE MARITIME.

L'hypothèque maritime conformément au droit commun présente
trois caractères. Elle est indivisible, spéciale et elle doit être rendue
publique.

§ 1er. *Indivisibilité.* — C'est un caractère commun à toutes les hypothèques. Il est indiqué dans la définition même de l'hypothèque : *Hypotheca est tota in toto et tota in qualibet parte.* L'hypothèque affecte le navire entier et chacune de ses parties à l'acquittement de la dette entière et de chacune de ses parties. Mais si l'hypothèque ne grève qu'une portion du navire, le créancier ne peut saisir et faire vendre que la portion qui lui est affectée. Toutefois si plus de la moitié du navire se trouve hypothéquée, le créancier pourra après saisie le faire vendre en totalité, à charge d'appeler à la vente les copropriétaires. C'est ce qui résulte de l'article 18, 2ᵉ alinéa, de la loi de 1874.

§ 2. *Spécialité ou assiette de l'hypothèque maritime* (art. 4, 5, 17, 26 et 29). — L'hypothèque maritime ne peut porter que sur un navire déterminé ou même simplement sur une portion de navire. Mais l'hypothèque ainsi constituée s'étend, à moins de convention contraire, au corps du navire, aux agrès, apparaux, machines et autres accessoires. On peut dire que cette disposition de l'article 4 découlait forcément et logiquement de la nature des choses, et pour la justifier on n'a pas besoin de recourir à l'article 2121 du Code civil. En effet, les agrès, apparaux, machines et tout ce qui est indispensable pour que le navire puisse naviguer, ne sont pas à proprement parler des accessoires. Ils constituent le navire lui-même et, réunis à la coque, ils forment un tout indivisible. Le législateur n'a jamais cessé de prendre en considération cette indivisibilité, par exemple dans l'article 181 du Code de commerce, qui ne peut s'expliquer que par l'indivisibilité. En effet, dans l'espèce prévue par cet article, le gardien du bâtiment n'a eu à surveiller que le corps du bâtiment et le propriétaire des magasins n'a eu à conserver que les agrès et apparaux, cependant leur privilége affecte sans distinction le navire, c'est-à-dire le corps, les agrès et les apparaux.

Mais l'indivisibilité ne lie pas l'intéressé au point qu'il ne puisse s'y soustraire. Le propriétaire du navire peut vendre les agrès et apparaux séparément du corps du navire. Aussi peut-il hypothéquer le corps séparément des agrès et apparaux. Remarquons qu'il ne pourrait pas hypothéquer les agrès et apparaux séparément du corps du navire, car les agrès et apparaux, détachés du corps, sont des meubles ordinaires non susceptibles d'hypothèque.

Peut-on comprendre le fret dans ces termes de l'article 4 : « et autres accessoires » ? Nous ne le pensons pas, car le fret n'est pas plus un accessoire du navire que les fruits civils, les loyers d'une maison ne sont les accessoires de la maison louée.

L'hypothèque maritime, selon l'article 5, peut encore être constituée sur un navire en construction. Dans ce cas, l'hypothèque doit être précédée d'une déclaration faite au bureau du receveur des douanes du lieu où le navire est en construction. Cette déclaration indiquera la longueur de la quille du navire et approximativement ses autres dimensions ainsi que son port présumé. Elle mentionnera l'emplacement de la mise en chantier du navire.

Le but de cet article 5 est de faciliter la construction des navires. M. Grivart dans son rapport a justifié cet article 5 de la façon suivante : « L'hypothèque sur un navire en construction peut rendre de très-utiles services et c'est celle peut-être qui répond au plus pressant besoin. Un constructeur opérant pour son compte engage souvent dans un seul navire un capital considérable et immobilise ainsi une forte part de ses fonds disponibles. S'il ne se trouve pas immédiatement d'acquéreur, il peut être d'un grand intérêt pour lui d'offrir, pour se procurer des fonds, la garantie du corps du navire en chantier, dont la valeur, même dans l'état d'inachèvement, ne laisse pas souvent que d'être fort importante. »

Les adversaires de l'article 5 le combattaient en disant qu'il n'était pas légalement possible d'autoriser l'hypothèque sur une chose qui n'existe pas encore ou qui n'existe qu'imparfaitement, et qu'il dépend du débiteur d'empêcher de naître ou de se compléter.

Le rapporteur a victorieusement combattu ces objections de la façon suivante : « Si, en règle générale, l'hypothèque conventionnelle ne frappe que les biens présents du débiteur, il y a des cas dans lesquels les biens à venir peuvent être hypothéqués. L'hypothèque judiciaire de son côté s'exerce non-seulement sur les biens actuels du débiteur, mais encore sur ceux qu'il peut acquérir. Il n'est donc pas contraire à la nature de l'hypothèque de s'appliquer à une chose future. Au nom de quel intérêt se refuserait-on à admettre l'hypothèque sur un navire en construction ? Dans l'intérêt du créancier qui, acceptant pour gage une chose inachevée, peut craindre que le débiteur ne lui donne jamais le complément dont elle a besoin ? Le créancier mesurera lui-même l'étendue de ce risque, et s'il prête, on peut croire qu'il ne le fera qu'à bon escient. Dans l'intérêt du crédit public ? Que redoute-t-on pour lui ? Il ne s'agit pas de créer une hypothèque clandestine. Celle qui aura été constituée sur un navire en chantier se révélera en temps utile par une inscription, et cela suffit pour que la faculté qu'on propose d'accorder n'offre aucun danger pour les tiers. ».

Les paroles du rapporteur ont obtenu gain de cause devant l'Assemblée nationale, qui a consacré la dérogation au droit commun, comprise dans notre article 5. Seulement, pour pouvoir hypothéquer un navire en construction, notre article 5 exige une déclaration préalable faite au bureau du receveur des douanes du lieu où le navire est en construction. Cette déclaration doit contenir les indications précises de nature à empêcher la substitution frauduleuse après coup d'un navire à un autre. L'indication la plus utile dans ce but était celle du nom du navire, et l'Assemblée l'avait ainsi pensé lors de la seconde lecture de la loi ; mais en troisième lecture la nécessité de cette indication a disparu sur la proposition de M. Alfred Dupont, nommé rapporteur à la place de M. Grivart appelé à faire partie du ministère. La raison donnée par le rapporteur, peu déterminante, selon nous, était que l'on doit s'écarter le moins possible de la législation existante : or, la législation sur l'état civil des navires, c'est-à-dire la loi du 27 vendémiaire an II, n'exige le nom du navire que l'orsqu'il s'agit de délivrer l'acte de francisation, ce qui n'a lieu qu'au moment du lancement du navire.

L'argument du rapporteur n'est pas plausible, selon nous. D'abord la loi de l'an II ne s'occupe pas des navires en construction et ne s'oppose pas à ce qu'il leur soit donné un nom. Ce qu'elle règle, c'est le droit à payer par le propriétaire lors de la délivrance des actes de francisation, et à ce moment il faut évidemment que le navire ait un nom ; mais encore une fois rien ne s'opposait à ce que l'indication du nom fût faite comme il était prescrit lors de la deuxième lecture, car si le navire à l'état de quille est susceptible d'être hypothéqué, pourquoi ne le serait-il pas de recevoir un nom, qui seul peut l'individualiser et en constater l'identité. Enfin, quoi qu'il en soit, la nécessité de cette indication très-utile et peut-être la seule assurant quelque efficacité à l'hypothèque sur un navire en construction, a disparu en troisième lecture et il suffit actuellement d'indiquer la longueur de la quille du navire et approximativement ses autres dimensions, ainsi que son port présumé et l'emplacement de la mise en chantier.

Le projet n'établissait aucune différence entre les navires et les déclarait tous susceptibles d'hypothèque. La commission proposa à l'Assemblée de décider que les navires de vingt tonneaux et au-dessus seront seuls susceptibles d'hypothèque. Cette proposition devint l'article 29 de la loi, qui peut se justifier par plusieurs raisons : il ne faut pas surcharger le service des agents des douanes. Puis ce n'est que pour les navires d'un certain tonnage que l'organisation du crédit hypothécaire présente une sérieuse utilité, car au-dessous d'une certaine limite de tonnage, la construction et l'armement des bâtiments n'exigent pas beaucoup de capitaux.

Il nous reste à nous demander à quel moment l'hypothèque peut être constituée. Elle peut être consentie pendant que le navire est dans le port où il est immatriculé. Elle peut être établie même sur un navire en construction. On peut aussi hypothéquer un navire en cours de voyage, en se conformant à l'article 26, ainsi conçu : « Le propriétaire qui veut se réserver la faculté d'hypothéquer son navire en cours de voyage est tenu de déclarer, avant le départ du navire, au bureau du receveur des douanes du lieu où le navire est immatriculé, la somme pour laquelle il entend pouvoir user de ce droit. Cette déclaration est mentionnée sur le registre du receveur et sur l'acte de francisation, à la suite des hypothèques déjà existantes. Les hypothèques réalisées en cour de voyage sont constatées sur l'acte de francisation : en France et dans les possessions françaises, par le receveur des douanes ; à l'étranger, par le consul de France ou, à défaut, par un officier public du lieu du contrat ; il en est fait mention, par l'un ou par l'autre, sur un registre spécial qui sera conservé pour y avoir recours, au cas de perte de l'acte de francisation par naufrage ou autrement, avant le retour du navire. Elles prennent rang du jour de l'inscription sur l'acte de francisation. La mention faite en vertu du paragraphe 2 du présent article ne pourra être supprimée qu'après le voyage accompli et sur la présentation de l'acte de francisation. » La disposition de cet article a été empruntée à la législation anglaise. L'hypothèque éventuelle du navire en cours de voyage a été imaginée par les auteurs de la loi, dans le but de dispenser de recourir en cours de voyage au prêt à la grosse, qui est onéreux pour le commerce et dangereux pour le développement de la navigation.

§ 3. *Publicité de l'hypothèque maritime* (art. 6, 7, 8, 9, 16 et 30). — La publicité est de l'essence de l'hypothèque. Elle seule peut être constitutive de crédit. Sans publicité, l'hypothèque n'est plus qu'un piége pour le créancier, qui ne peut plus, en traitant avec son débiteur, vérifier sa situation de solvabilité. D'après le droit commun, l'hypothèque est rendue publique par inscription prise sur un registre tenu par le conservateur de l'arrondissement où est situé l'immeuble hypothéqué.

Quel système devait-on suivre pour la publicité de l'hypothèque maritime ? Les auteurs du projet proposaient, ainsi que la commission, de confier la tenue des registres d'inscription au receveur des douanes. M. Sebert proposait de rendre l'hypothèque publique par l'inscription opérée dans les termes de l'article 2148 du Code civil, au bureau des hypothèques du lieu où le navire est en construction ou de celui où il est immatriculé. M. Sebert critiquait le projet pour deux raisons : 1° D'abord, disait-il, il est besoin d'une grande capacité pour faire un bon conservateur d'hypothèques, et on ne trouve pas cette capacité spéciale chez les receveurs des douanes, qui ont des fonctions toutes différentes; 2° la responsabilité des receveurs des douanes, qui n'ont pas de cautionnement suffisant, sera illusoire.

L'amendement de M. Sebert ne fut pas adopté, parce que, a-t-on dit, le rôle des agents chargés du service de l'hypothèque maritime sera d'une grande simplicité, du moment qu'on n'admet d'autre hypothèque que l'hypothèque conventionnelle, et il fut en conséquence décidé que l'hypothèque serait rendue publique par l'inscription sur un registre spécial tenu par le receveur des douanes du lieu où le navire est en construction, ou de celui où il est immatriculé.

Si le navire a déjà un acte de francisation, l'inscription doit être mentionnée au dos dudit acte par le receveur des douanes.

Si le navire n'est pas francisé, le propriétaire qui poursuit la francisation est tenu de joindre aux pièces requises à cet effet un état des inscriptions prises sur le navire en construction ou un certificat qu'il n'en existe aucune.

Les inscriptions non rayées sont reportées d'office à leurs dates respectives par le receveur des douanes sur l'acte de francisation, si ce lieu est autre que celui de la construction.

La mention à apposer au dos de l'acte de francisation doit indiquer la date de l'inscription, le nom du créancier, le montant de la dette, l'époque de l'exigibilité.

Il peut se faire que le navire change de port d'immatricule; il faudra alors le faire immatriculer dans le nouveau port. Dans ce cas, les inscriptions non rayées sont reportées d'office par le receveur des douanes du nouveau port où il est immatriculé, sur son registre et avec mention de leurs dates respectives. Ce report se fera facilement, car l'immatriculation du navire n'aura lieu dans ce dernier port que sur l'extrait des registres tenus dans le premier. Le receveur n'aura donc qu'à copier les indications de cet extrait, et il le doit sous peine d'engager sa responsabilité.

Les articles 8 et 9 indiquent les formalités à remplir pour faire opérer l'inscription. Ils sont à peu près la reproduction des articles 2148 et 2150 du Code civil.

D'après l'article 8, il doit être présenté au bureau du receveur des douanes un des originaux du titre consécutif d'hypothèque, lequel y reste déposé s'il est sous seing privé ou reçu en brevet, ou une expédition s'il en existe minute.

Il est joint deux bordereaux signés par le requérant, dont l'un peut être porté sur le titre présenté. Ils contiennent : 1° les noms, prénoms et domicile du créancier et du débiteur, et leur profession, s'ils en ont une ; 2° la date et la nature du titre ; 3° le montant de la créance exprimée dans les titres ; 4° les conventions relatives aux intérêts et au remboursement ; 5° le nom et la désignation du navire hypothéqué, la date de l'acte de francisation ou de la déclaration de sa mise en construction ; 6° élection de domicile, par le créancier dans le lieu de la résidence du receveur des douanes.

L'article 9 impose au receveur des douanes l'obligation de faire mention sur son registre du contenu aux bordereaux et de remettre au requérant l'expédition du titre, s'il est authentique, et l'un des bordereaux, au pied duquel il certifie avoir fait l'inscription.

Les seules dérogations admises par ces articles au droit commun sont celles que commandait la nature spéciale de la matière.

L'article 16 impose au receveur des douanes l'obligation de délivrer, à tous ceux qui le requièrent, l'état des inscriptions subsistantes sur le navire ou un certificat qu'il n'en existe aucune. La loi impose au receveur cette obligation comme l'article 2196 du Code civil l'impose au conservateur des hypothèques.

Enfin l'article 30 décide que le tarif des droits à percevoir par les employés de l'administration des douanes et le cautionnement spécial à leur imposer, à raison des actes auxquels donnera lieu l'exécution de la loi sur l'hypothèque maritime, seront fixés par un décret en la forme des règlements d'administration publique.

Le même article tranche aussi la question de responsabilité des fautes du receveur. Devait-elle incomber à l'administration des douanes et par conséquent à l'État, ou bien devait-elle rester à la charge du receveur exclusivement? Après un débat assez vif sur cette question, ce fut la dernière opinion qui prévalut sur la proposition de M. Bottieau. C'est là une décision regrettable, et en l'admettant on peut dire que l'on a préféré l'intérêt du fisc à celui de la marine marchande que la loi avait cependant pour but de relever. Ce qui en résultera probablement, c'est que cette loi, qui devait faire des merveilles, ne sera peut-être, suivant l'expression de M. Lyon-Caen, agrégé à la Faculté de droit de Paris, qu'un texte destiné à rester sans application sérieuse, augmentant le nombre déjà trop grand de nos lois hypothécaires qui, il faut bien l'avouer, ne sont ni très-bien digérées ni très-bien rédigées.

<h3 style="text-align:center">Section III. — Capacité et formes.</h3>

§ 1ᵉʳ. *Capacité nécessaire pour constituer l'hypothèque maritime* (art. 3). — L'hypothèque sur le navire ou sur portion du navire ne peut être consentie que par le propriétaire ou par son mandataire justifiant d'un mandat spécial.

D'après le droit commun, pour pouvoir hypothéquer il faut avoir la capacité d'aliéner. Ainsi le mineur et la femme mariée ne peuvent pas aliéner et par conséquent ne peuvent pas hypothéquer. Il n'est fait exception à ce principe que pour la femme ou le mineur faisant le commerce. La femme, dans ce cas, peut aliéner et hypothéquer pour les besoins de son commerce ; le mineur ne peut pas hypothéquer. Il faudra appliquer ici le droit commun.

Il peut se faire, et cela arrive souvent, qu'un navire soit la copropriété de plusieurs personnes. Pas de difficulté, s'ils sont tous d'accord, mais que décider au sujet de l'hypothèque s'il y a dissentiment entre eux? Nous pensons qu'il faut appliquer l'article 220 du Code de commerce, qui règle l'administration de la chose commune, et que la majorité fera la loi à la minorité.

§ 2. *Formes de l'hypothèque* (art. 2 et 12). — Le contrat par leque l'hypothèque maritime est consentie, doit être rédigé par écrit ; il peut être fait par acte sous signatures privées.

C'est là une dérogation notable au droit commun. En effet, aux termes de l'article 2127 du Code civil, l'hypothèque conventionnelle ne peut être consentie que par acte passé en forme authentique devant deux

notaires ou un notaire et deux témoins. L'article 2127 s'explique surtout dans l'intérêt du Trésor, qui perçoit un droit proportionnel par
suite de l'enregistrement de l'acte notarié. Pour l'hypothèque maritime,
le Trésor semble faire abandon de son droit, mais l'abandon est plus
apparent que réel. En effet, l'hypothèque peut être consentie par acte
authentique ou par acte sous seing privé. La loi n'exige pour l'inscription
de l'hypothèque consentie par acte sous seing privé, qu'un droit fixe de
2 fr., tout en posant ce principe que le droit proportionnel pourra être
ultérieurement exigé dans les cas où les actes sous seing privé y sont
assujettis, conformément aux lois sur l'enregistrement. Mais si elle est
consentie par acte authentique, il y a lieu au paiement du droit proportionnel. C'est là une différence injustifiable que M. Sebert a fait
remarquer au cours de la discussion et qu'il proposa de faire disparaître
en ne soumettant également l'acte authentique qu'à un droit fixe de
2 fr.; mais son opinion ne prévalut pas.

Le sacrifice de l'intérêt du Trésor à celui de la marine marchande
n'est donc que partiel, puisqu'on ne l'admet que pour le cas où l'hypothèque est consentie par acte sous seing privé. Et encore peut-on dire
que ce sacrifice n'est pas bien grand, puisque si, par la suite, l'acte est
produit en justice ou mentionné dans un acte authentique, il sera,
comme tous les actes sous seing privé, passible du droit proportionnel.

L'acte constitutif de l'hypothèque maritime peut être à ordre, c'est-
à-dire susceptible de transmission par voie d'endossement. C'est ce qui
résulte de l'article 12. Sa négociation par voie d'endossement emporte
la translation du droit hypothécaire.

Section IV. — Droit de préférence.
(Art. 10, 11 et 13.)

Entre créanciers non payés, dans quel ordre répartir le prix de vente
du navire hypothéqué? L'article 10 répond à notre question en déci-
dant que, s'il y a plusieurs hypothèques sur la même part de propriété
du navire, leur rang est déterminé par l'ordre de priorité des dates de
l'inscription. Les hypothèques inscrites le même jour viennent en concurrence nonobstant la différence des heures de l'inscription. Cette
règle posée par l'article 10 n'est que l'application du droit commun en
matière hypothécaire. Nous n'avons donc pas à nous y arrêter.

Avec les articles 11 et 13 nous avons à examiner l'effet de l'inscription quant à l'étendue des droits conservés. L'article 11 s'occupe du capital et l'article 13 des intérêts.

L'inscription, dit l'article 11, conserve l'hypothèque pendant 3 ans, à compter du jour de sa date ; son effet cesse si l'inscription n'a pas été renouvelée, avant l'expiration de ce délai, sur le registre tenu en douane et mentionnée à nouveau sur l'acte de francisation, dès le retour du navire au port où il est immatriculé.

Cet article déroge au droit commun, d'après lequel l'inscription vaut pendant 10 ans. Le motif de cette dérogation a été ainsi formulé par le rapporteur, M. Alfred Dupont. « Il n'y a à établir aucune analogie entre l'hypothèque sur un navire dont la vie est moins longue que la vie d'un immeuble, et l'hypothèque sur un immeuble. L'hypothèque sur un navire n'est accordée que comme garantie d'un prêt commercial qui, par sa nature même, est appelé à une moins longue durée ; une hypothèque enfin qui, d'après l'article 12, peut être donnée à l'appui d'une créance à ordre, et il n'y a pas lieu d'en prolonger au delà de trois ans la validité. »

D'après l'article 13, l'inscription garantit, au même rang que le capital, deux années d'intérêt en sus de l'année courante.

Que faut-il entendre par l'année courante ? Est-ce une année pleine et entière, est-ce seulement le temps écoulé depuis l'échéance de la deuxième annuité ? La question est controversée, et il est très-regrettable que la loi de 1874 n'ait pas fait cesser cette controverse, qui se rencontre également dans le droit commun en matière d'hypothèque. Sans entrer dans la discussion que ne comporte pas le cadre de notre travail, nous dirons toutefois que, selon nous, par année courante il faut entendre seulement le temps écoulé depuis l'échéance de la deuxième annuité. En effet, autrement la loi aurait dit que l'inscription garantissait au même rang que le capital trois années d'intérêt, et elle n'aurait pas parlé de deux années et l'année courante.

Section V. — Droit de suite.

(Art. 18.)

Tout créancier hypothécaire a un double avantage : un droit de préférence par rapport aux autres créanciers ultérieurement inscrits ou simplement chirographaires et un droit de suite.

L'article 18 s'occupe de ce dernier. Le droit de suite permet au créancier d'aller chercher le bien hypothéqué dans les mains des tiers détenteurs et de le faire vendre malgré les droits légitimement acquis par ceux-ci. Conformément au droit commun, l'efficacité du droit de suite comme celle du droit de préférence est subordonnée à l'inscription de l'hypothèque avant l'aliénation. C'est ce qui résulte de l'article 18, qui s'exprime ainsi : « Les créanciers ayant hypothèque inscrite sur un navire ou portion de navire, le suivent en quelques mains qu'il passe, suivant l'ordre de leur inscription. »

Au reste, ce droit de suite n'est pas une innovation de la loi de 1874. Il existait déjà, d'après l'article 190 du Code de commerce, non-seulement pour les créanciers privilégiés, mais même pour les chirographaires. Il n'est donc pas étonnant que la loi de 1874 l'ait admis.

Si l'hypothèque ne grève qu'une portion de navire, le créancier ne peut saisir et faire vendre que la portion qui lui est affectée. Toutefois si plus de la moitié du navire se trouve hypothéquée, le créancier pourra, après la saisie, le faire vendre en totalité, à charge d'appeler à la vente les copropriétaires.

Cette disposition de la loi constitue une véritable innovation et déroge à l'article 883 et à l'article 2205 du Code civil. En droit commun, la chose commune ne peut nullement être divisément affectée par les divers intéressés, par application du principe que le partage est déclaratif et non attributif de propriété, chaque copartageant étant censé n'avoir jamais eu la propriété des effets compris dans les lots des autres intéressés. On a dérogé, pour les navires, à ce principe du droit commun parce que, suivant les paroles du rapporteur, quand il s'agit de navire, l'indivision est un fait si général qu'on peut le considérer comme le régime habituel de la propriété.

Ainsi chaque copropriétaire d'un navire peut emprunter sur sa part dans le navire et constituer une hypothèque sur cette part. Par conséquent, le créancier personnel d'un copropriétaire de navire peut saisir et faire vendre la part afférente à son débiteur, et cela sans mettre en cause les copropriétaires. Toutefois si la créance affectée est de plus de la moitié du navire, le créancier peut faire vendre le navire en totalité, après saisie, mais à la charge d'appeler à la vente les copropriétaires. Les copropriétaires appelés à la vente peuvent se porter adjudicataires du navire, mais l'article 883 du Code civil ne recevra pas non plus son application, c'est-à-dire que, malgré la licitation, à moins qu'elle ne soit opérée dans les formes judiciaires, le créancier ayant hypothèque sur une part indivise conservera son droit de préférence et même son droit de suite. Cependant cette dérogation à l'article 883 du Code civil cesse d'avoir effet si l'indivision résulte d'une succession ou de la dissolution d'une communauté conjugale, car dans ces cas il n'y a pas de raison de maintenir la dérogation, qui ne fut admise que dans le but de favoriser le crédit maritime ; or, le crédit maritime n'avait pas à souffrir des effets d'une indivision résultant d'une succession ou de la dissolution d'une communauté. La commission n'avait cependant pas établi de différence entre les causes d'indivision, c'est seulement dans la discussion que ces deux exceptions furent admises par l'Assemblée, sur l'amendement proposé par M. Humbert, et passèrent dans le 3ᵉ alinéa de notre article 18, ainsi conçu : « Dans tous les cas de copropriété autres que ceux résultant d'une succession ou de la dissolution d'une communauté conjugale par dérogation à l'article 883 du Code civil, les hypothèques consenties durant l'indivision par un ou plusieurs des copropriétaires sur une portion de navire, continuent à subsister après le partage ou la licitation. »

Toutefois si la licitation, continue l'article, s'est faite en justice dans les formes déterminées par les articles 201 et suivants du Code de commerce, le droit des créanciers n'ayant hypothèque que sur une portion du navire sera limité au droit de préférence sur la partie du prix afférent à l'intérêt hypothéqué. Dans ce cas, le droit de suite est éteint, mais remarquons que c'est à la condition que la licitation se soit faite dans les formes prescrites par les articles 201 et suivants du Code de commerce.

SECTION VI. — PURGE DE L'HYPOTHÈQUE MARITIME.

(Art. 19, 20, 21, 22, 23, 24 et 25.)

Les créanciers hypothécaires peuvent suivre le navire dans les mains du tiers détenteur, c'est-à-dire le faire saisir et vendre. Mais il était impossible de condamner le tiers détenteur du navire à attendre le bon plaisir des créanciers. C'est pourquoi la loi de 1874, conformément au droit commun d'ailleurs, lui a permis de purger les hypothèques, c'est-à-dire de contraindre les créanciers hypothécaires soit à réaliser leur droit de suite, soit à renoncer à se pourvoir contre la vente en les mettant en demeure d'accepter la somme offerte par lui acheteur ou bien de porter une surenchère du dixième. Disons tout de suite que le tiers détenteur n'a pas à purger, conformément d'ailleurs au droit commun, dans le cas où il serait devenu acquéreur dans une vente judiciaire, cest-à-dire sur saisie, car cette vente vaut purge. C'est ce qui résulte des l'article 24 de notre loi. Le tiers détenteur n'étant exposé au droit de suite que s'il a acquis par vente volontaire, c'est seulement dans ce cas qu'il a besoin de purger.

Indiquons maintenant les formalités et les effets de la purge, d'aprè la loi de 1874, qui d'ailleurs ne diffère du droit commun que sur des points de détail.

L'acquéreur d'un navire ou d'une portion de navire hypothéqué qui veut se garantir des poursuites des créanciers hypothécaires est tenu, avant la poursuite ou dans le délai de quinzaine, de notifier à tous les créanciers inscrits sur l'acte de francisation, au domicile élu dans les inscriptions :

1° Un extrait de son titre indiquant seulement la date et la nature de l'acte, le nom du vendeur, le nom, l'espèce et le tonnage du navire, et les charges faisant partie du prix ;

2° Un tableau, sur trois colonnes, dont la première contiendra la date des inscriptions, la seconde, le nom des créanciers, la troisième, le montant des créances inscrites.

L'acquéreur déclarera par le même acte qu'il est prêt à acquitter sur-le-champ les dettes hypothécaires jusqu'à concurrence seulement de son prix, sans distinction des dettes exigibles ou non exigibles.

Tout créancier peut requérir la mise aux enchères du navire ou portion de navire, en offrant de porter le prix à un dixième en sus, et de donner caution pour le paiement du prix et des charges.

Cette réquisition signée du créancier doit être signifiée à l'acquéreur dans les dix jours des notifications. Elle contiendra assignation devant le tribunal civil du lieu où se trouve le navire, pour voir ordonner qu'il sera procédé aux enchères requises.

La revente aux enchères aura lieu à la diligence soit du créancier qui l'aura requise, soit de l'acquéreur, dans les formes établies pour les ventes sur saisie.

Enfin, le prix offert par la notification ou produit par la surenchère est réparti entre les créanciers dans l'ordre de leurs inscriptions.

Section VII. — Extinction de l'hypothèque. — Radiation de l'inscription.

De même que l'hypothèque du droit commun, l'hypothèque maritime peut s'éteindre par voie de conséquence ou par voie principale.

Par voie de conséquence, l'hypothèque est éteinte toutes les fois que la créance elle-même est éteinte, soit par le paiement, la novation, la compensation ou la prescription. Il est évident, en effet, que le droit principal étant éteint, le créancier ne peut plus faire valoir son hypothèque.

Elle peut s'éteindre par voie principale, c'est-à-dire la créance subsistant dans les cas suivants : 1° si l'inscription n'a pas été prise en temps utile, d'après l'article 2146 et l'article 2166 du Code civil; 2° si le créancier ne peut être colloqué en rang utile sur le prix provenant de la vente du navire; 3° par la perte totale du navire. Seulement il faut mentionner ici l'article 17 de la loi de 1874, qui déroge au droit commun, en permettant aux créanciers d'exercer leurs droits, dans l'ordre des inscriptions, sur le produit des assurances qui auraient été faites par l'emprunteur sur le navire hypothéqué. D'après le droit commun, les créanciers ne peuvent pas avoir droit sur la prime d'assurance qui n'est pas le prix de l'immeuble, mais le résultat d'un contrat aléatoire passé entre le propriétaire et la compagnie d'assurances. L'innovation de l'article 17 se justifie, ainsi que l'a dit le rapporteur, par la volonté de donner à l'hypothèque maritime de la consistance et de la solidité ; 4° par la renonciation du créancier ; 5° par la résolution du droit du constituant, sauf ce qui a été dit ci-dessus sur l'article 18 à propos du droit de suite.

Il ne nous reste qu'un mot à dire de la radiation, qui est la conséquence de l'extinction de l'hypothèque. La radiation ne consiste pas dans une rature de l'inscription. C'est une annotation en marge de l'inscription. Les articles 14 et 15 s'en occupent.

Les inscriptions sont rayées soit du consentement des parties intéressées ayant capacité à cet effet, soit en vertu d'un jugement en dernier ressort ou passé en force de chose jugée. A défaut de jugement, la radiation totale ou partielle de l'inscription ne peut être opérée par le receveur des douanes que sur le dépôt d'un acte authentique de consentement à la radiation, donné par le créancier ou son cessionnaire justifiant de ses droits. La loi exige un acte authentique afin d'éviter la fraude. Il faut en effet être certain que le créancier consent à la radiation. Si on n'exigeait pas un acte authentique, constatant l'identité des personnes, il serait trop facile de faire radier une inscription. On n'aurait qu'à se présenter chez le receveur des douanes, accompagné de n'importe quelle personne qui consentirait à la radiation.

Dans le cas où l'acte constitutif de l'hypothèque est sous seing privé, ou si, étant authentique, il a été reçu en brevet, il est communiqué au receveur des douanes qui y mentionne, séance tenante, la radiation totale ou partielle. Si l'acte de francisation lui est représenté simultanément ou ultérieurement, le receveur des douanes est tenu d'y mentionner, à sa date, la radiation totale ou partielle.

Il peut se faire que la radiation se soit opérée à tort : l'inscription revivra, mais nous pensons qu'elle ne donnera rang, au moins à l'égard des tiers inscrits postérieurement à la radiation, au créancier que du jour où elle aura repris naissance et que celui-ci ne pourra pas se prévaloir de l'hypothèque comme s'il n'y avait pas eu de radiation.

A l'égard des créanciers qui étaient inscrits avant la radiation, nous admettrons sans difficulté que l'hypothèque leur sera opposable comme s'il n'y avait pas eu de radiation.

APPENDICE. — MODIFICATIONS APPORTÉES AU CODE DE COMMERCE
PAR LES ARTICLES 27 ET 28.

La loi de 1874 a abrogé le prêt à la grosse contracté avant le départ et l'a remplacé par le prêt hypothécaire. D'après la nouvelle loi, le prêt hypothécaire ne jouit pas de la faveur qui était accordée au prêt à la grosse ; aussi l'article 27 abroge-t-il les paragraphes 9 de l'article 191 et 7 de l'article 192, et les créanciers hypothécaires sur le navire viendront, dans leur ordre d'inscription, après les créances privilégiées. Avant le départ, désormais plus de possibilité de prêt à la grosse auquel on ne peut avoir recours pendant le voyage, et encore, ainsi que nous l'avons vu plus haut, l'article 26 tend à le faire disparaître.

La suppression du prêt à la grosse avant le départ devait aussi avoir pour conséquence inévitable l'abrogation de l'article 233 du Code de commerce permettant au capitaine d'emprunter à la grosse pour le compte et sur la part des copropriétaires du navire qui refusaient de contribuer aux frais de la mise en état du navire régulièrement frété du consentement de la majorité. L'article 28 consacre cette abrogation et substitue à ce pouvoir d'emprunter à la grosse celui d'emprunter sur hypothèque, après sommation faite aux refusants de fournir leur contingent et aussi après avoir obtenu l'autorisation du juge.

Ce pouvoir d'emprunter hypothécairement pour le compte des propriétaires récalcitrants sur leur part dans le navire, accordé au capitaine, est une dérogation au droit commun. En effet, d'après l'article 2124 du Code civil, les hypothèques ne peuvent être consenties que par ceux qui ont la capacité d'aliéner les biens, et le capitaine ne représente les armateurs que pour l'administration et la direction du navire et n'a pas la capacité de l'aliéner. Cette dérogation peut s'expliquer par la nature spéciale de la propriété des navires et le mode de leur administration, qui exigent que la minorité s'incline devant la décision de la majorité.

III. — Critiques adressées à la loi du 10 décembre 1874 et proposition de loi tendant à la modifier.

La loi du 10 décembre 1874 est restée, on peut le dire, à peu près lettre morte et n'a nullement répondu au vœu de ses auteurs, qui était d'atténuer la souffrance de notre marine marchande. Les conventions d'hypothèques maritimes atteignent un chiffre dérisoire et ne paraissent pas devoir prendre beaucoup d'extension.

A quelles causes doit-on attribuer cet insuccès pour une ressource réclamée depuis si longtemps? On peut l'attribuer à deux raisons : à la nature des choses d'abord, et ensuite aux imperfections de la loi.

Il est évident d'abord que l'hypothèque sur un meuble, quelle que soit d'ailleurs sa valeur, n'aura jamais la solidité et la consistance de l'hypothèque sur un immeuble. Un fonds de terre a une assiette fixe, une valeur appréciable; un navire au contraire est essentiellement périssable, et tandis que la valeur du fonds de terre va toujours en augmentant, celle du navire au contraire va toujours en diminuant par suite de l'usure et de la détérioration résultant de la navigation.

Le principe de l'hypothèque maritime a été vivement combattu par M. Billette, directeur de la compagnie d'assurances maritimes l'*Étoile de la mer*, qui s'exprime en ces termes dans son ouvrage sur l'hypothèque

maritime : « C'est avec une sincère et profonde conviction que je dis :
Si, ce qui n'est pas douteux, on veut faire quelque chose d'utile à la
marine marchande, la première chose à faire c'est d'abroger la loi du
10 décembre 1874. S'il s'agissait d'une loi inoffensive comme il y en a
beaucoup, d'une loi qui n'eût pas d'autre défaut que d'être inutile,
d'une loi qu'on pût sans danger laisser tomber dans l'oubli en se bor-
naut à ne lui rien demander, je ne m'en inquiéterais pas. Mais il n'en
est pas ainsi. Du jour où elle entrera en vigueur jusqu'à son dernier
moment, cette loi blessera d'une manière plus ou moins permanente
la marine qu'elle veut favoriser, alors même que celle-ci renoncerait à
ses faveurs.

« C'est ce caractère qui en rend l'abrogation indispensable. Si je suis
aujourd'hui le premier à la demander, j'espère que je ne serai pas
longtemps seul. »

C'est là une opinion évidemment exagérée. On peut critiquer la loi
dans le but de l'améliorer, mais il est inutile de l'abroger, car l'hypothèque maritime peut rendre des services à la marine marchande.
Il vaut mieux, selon les expressions de M. Lyon-Caen, agrégé à la
Faculté de droit de Paris, chargé du cours de droit industriel, corriger
les vices de la loi sans renoncer complétement à une garantie qui a
rendu des services incontestables en Angleterre et en Allemagne.

Les imperfections de la loi ont été relevées dans l'exposé des motifs
d'un projet déposé à la Chambre des députés, en juin 1876, par M. Jules
Le Cesne, dans le but de modifier la loi du 10 décembre 1874.

M. Le Cesne, recherchant les causes qui ont rendu la loi stérile, les
trouve dans l'isolement de cette loi, qui seule a été édictée tandis que
d'autres mesures réparatrices auraient dû être adoptées en même temps,
afin de favoriser réellement notre marine marchande qui continue à dé-
choir. La loi de 1874, dit l'honorable M. Le Cesne, s'adressait à une industrie en pleine décadence, et pour qu'elle ne fût pas tout d'abord frappée
d'impuissance, il eût fallu, au préalable ou tout au moins simultanément, décréter et appliquer les nombreuses améliorations étudiées
en 1870 et formulées en 1874 dans le rapport de la commission de la
marine marchande ; il eût fallu s'occuper notamment de renouveler le
matériel naval et de le mettre au niveau de celui des autres nations,
décréter le dégrèvement des charges excessives qui accablent notre
marine, réduire les droits de mutation, de patente, de visite et de
pilotage.

mer que le gage mobile, exposé non pas seulement aux dangers de la mer, mais aux tentations de l'isolement, de l'absence de contrôle, et le plus souvent livré aux hasards d'une législation étrangère, est aussi sûr que l'immeuble abrité sous son immobilité, et toujours sauvegardé par la loi française? Qui pourrait croire que le capital en quête de placement n'en pèsera pas les chances diverses et n'exigera pas les justes compensations qu'elles comportent? La loi qui croirait protéger le débiteur par le taux uniforme ne lui supprimerait-elle pas au contraire l'aliment même dont elle lui reconnaît le besoin? Ne serait-elle pas plus intelligente, en mesurant son prix en raison inverse de sa puissance d'attraction? Le capital est partout où ses intérêts l'appellent, et l'épargne n'obéit qu'au tempérament de celui qui en dispose, selon qu'il est plus enclin à la conservation ou à l'aventure. L'attrait de l'aléa sera toujours la dominante du prêt sur l'hypothèque maritime, et vouloir en restreindre la rémunération au revenu de placements plus assurés, serait la négation du but poursuivi.

Peut-être même eût-il été préférable de réclamer, en vue de cette même liberté d'allures, l'abrogation exceptionnelle de la loi de 1807, mais M. Le Cesne ne va pas jusque-là, car, dit-il, « c'est en France surtout qu'il faut compter avec les traditions. » Si toutefois le législateur croyait devoir abroger la loi de 1807, abrogation que la plupart des économistes réclament, nous pensons qu'il ferait sagement de se réserver la faculté de pouvoir revenir à un taux maximum. Cette réserve lui permettrait de corriger les abus que pourrait peut-être engendrer par la suite la liberté du taux de l'intérêt.

En résumé, M. Le Cesne propose avec raison de relever la marine marchande par une réorganisation générale. En ce qui concerne spécialement l'hypothèque maritime, tout en maintenant la loi du 10 décembre 1874, il propose d'y apporter les modifications suivantes : Désormais les actes sous seing privé relatifs à l'hypothèque maritime, soumis pour l'inscription au droit fixe de 2 fr., ne seraient en aucun cas assujettis aux lois sur l'enregistrement; l'hypothèque sur le navire ne pourrait être consentie que par le propriétaire, l'armateur ou par son mandataire, justifiant d'un mandat spécial, tandis qu'avec la loi actuelle le propriétaire d'une portion de navire peut hypothéquer cette portion ; l'inscription de l'hypothèque ne serait plus mentionnée au dos de l'acte de francisation, cette formalité étant regardée comme nuisible à l'armement et surtout comme un obstacle absolu à l'assurance du gage à offrir au prêteur; l'hypothèque une fois inscrite serait conservée, sans qu'il fût nécessaire d'en renouveler l'inscription; la vente volontaire d'un navire grevé d'hypothèque serait interdite à l'étranger; enfin, le propriétaire n'aurait plus la faculté d'hypothéquer son navire en cours de voyage, et le taux de l'intérêt pour les contrats hypothécaires ayant le navire comme gage serait élevé jusqu'à un maximum de 7 $\frac{1}{2}$ p. 100.

La proposition, prise en considération par la Chambre des députés sur le rapport de M. Allègre, ne put malheureusement pas venir en discussion avant la séparation de la Chambre.

Espérons que lorsque la question se présentera devant la nouvelle Chambre des députés, le pouvoir législatif s'occupant de réorganiser la marine marchande en détresse, se gardera d'oublier que le crédit maritime est la base indispensable d'une législation réparatrice, et qu'en conséquence il revisera la loi du 10 décembre 1874, qui cessera alors d'être lettre morte.

Rochefort, le 30 septembre 1877.

Nancy, — Imprimerie Berger-Levrault et Cie.

LIBRAIRIE BERGER-LEVRAULT & CIE

Les budgets maritimes de la France et de l'Angleterre. Études de statistique, par M. P. DISLÈRE, ingénieur des constructions navales. — Gr. in-8°. 3 fr.

Sur l'établissement des tables de tir de l'artillerie modèle 1870 et sur la formule des durées de trajet $T = N \sqrt{X} \, tg \, \alpha$, par M. BEAUVOIR, lieutenant de vaisseau. — Grand in-8°. Prix : 2 fr. 50.

Formes pratiques de la série de Taylor et applications nautiques, par M. J.-A. ROUYAUX, enseigne de vaisseau. — Grand in-8°. Prix : 2 fr. 50.

Étude sur l'artillerie navale, par M. BIENAIMÉ, lieutenant de vaisseau. — Grand in-8°. Prix : 2 fr.

Les colonies françaises ; leur organisation, leur administration, par M. Jules DELARBRE, conseiller d'État honoraire, trésorier général des Invalides. — Brochure grand in-8°, avec une carte. Prix : 3 fr. 50.

Étude sur les effets des explosions sous-marines, par M. J.-M.-S. AUDIC, lieutenant de vaisseau. — Grand in-8°. Prix : 1 fr. 50.

Notes sur la résistance des murailles cuirassées, par M. P. DISLÈRE, sous-ingénieur de la marine. — Grand in-8°. Prix : 75 c.

Rapport sur la reconnaissance du fleuve du Tonkin, par M. DE KERGARADEC, lieutenant de vaisseau, consul de France à Hanoï. — Gr. in-8°. Prix : 2 fr.

Les premiers arsenaux de la marine. Le Clos des Galées de Rouen sous Charles V (1364-1380), d'après des documents récemment publiés. Par M. DE LAFAYE, sous-commissaire de la marine. — Grand in-8°. Prix : 1 fr.

Théorie mécanique de la houle cylindrique simple et permanente, par M. Émile GUYOU, lieutenant de vaisseau. — Grand in-8°. Prix : 1 fr. 50.

Monographie de la marine française en Algérie, par M. A. LACOUR, commis du commissariat de la marine. — Grand in-8°. Prix : 1 fr. 50.

Résumé des expériences faites à bord de l'Orne sur différents systèmes de compas à liquide, par M. Jules LECOMPTE, enseigne de vaisseau. In-8° 75 c.

L'archipel des îles Marquises, par M. P.-E. EYRIAUD DES VERGNES, lieutenant de vaisseau. — Grand in-8°. Prix : 2 fr. 50

Code des officiers du corps de santé de la marine, par le D^r PH. AUDE, médecin principal de la marine. — Un fort vol. in-8°. Prix : 15 fr.

La Flotte cuirassée turque. Perforabilité des cuirassés turcs par les canons russes. — Gr. in-8°. 2 fr.

Les cinquante pas du roi dans les colonies françaises, par M. ROUGON, commissaire de la marine. — Gr. in-8°. 1 fr.

Des passages de vive force et de l'attaque des places maritimes par les flottes actuelles, par G. CHABAUD-ARNAULT, lieutenant de vaisseau. — Brochure grand in-8°. Prix : 2 fr.

Enquête sur le régime commercial des colonies françaises. — 1 volume grand in-8°. Prix : 7 fr. 50.

La Marine militaire de la France, son organisation et son administration, par M. DELARBRE, conseiller d'État, directeur de la comptabilité au ministère de la marine et des colonies. — Brochure grand in-8°. Prix : 2 fr. 50

La défense des frontières maritimes, par M. le vice-amiral V. TOUCHARD. — Brochure grand in-8°. Prix : 1 fr. 50.

Les Vagues et le roulis. Les qualités nautiques des navires, par M. L.E. BERTIN, ingénieur des constructions navales, docteur en droit. — In-8°. 4 fr.

Législation de la marine marchande en Angleterre, par M. J. B. HAUTEFEUILLE, lieutenant de vaisseau. — Brochure grand in-8°. Prix : 1 fr. 50

Notes sur le Centre-Amérique (Costa-Rica, Nicaragua et San-Salvador) ; Vancouver et la Colombie anglaise, par M. Th. AUBE, capitaine de vaisseau. — Brochure grand in-8°. Prix : 2 fr.

Réflexions sur les chronomètres, par M. ROUYAUX, enseigne de vaisseau. — Brochure grand in-8°. Prix : 1 fr. 50.

Organisation du corps des officiers de vaisseau de la marine française, par M. A. DESCHARD, sous-commissaire de la marine. — In-8°. 2 fr. 50.

NANCY, IMPRIMERIE BERGER-LEVRAULT & CIE.